사진_ 김한아

국수를 닮은 이야기

애지시선 074

국수를 닮은 이야기

2017년 12월 10일 초판 1쇄 발행

지은이 박구경
펴낸이 윤영진
편 집 함순례
디자인 함광일 이경훈
홍 보 한천규
펴낸곳 도서출판 애지
등록 제 2005-5호
주소 34623 대전광역시 동구 대전로 867번길 46
전화 042 637 9942
팩스 042 635 9941
전자우편 ejiweb@hanmail.net

ISBN 978-89-92219-73-0 03810

* 이 책은 경남문화예술진흥원으로부터 발간비 일부를 지원 받았습니다

애지시선 074

국수를 닮은 이야기

박구경 시집

□ 시인의 말

지난밤 비에 젖은 언덕 위
그 곁은 채소밭
함석집 사철나무 울타리 가지치기를 하는 당신과 깡통을 두들기며 놀고 싶은 푸른 하늘입니다
이젠 이런 그림을 그리고 나서 울고 싶습니다
그는 런닝구 차림
그 곁은 살이 통통 오른 파꽃 파들의 꽃

2017년 겨울

박구경

차례

시인의 말 005

제1부

오는 겨울 013
겨울일기 014
적막 015
개구리 소리 016
제비 018
그가 앉을 만한 뜰 019
새떼 020
처마 끝 021
오후의 빛깔 022
가을이 꽉 찼다 024
채색 026
저 푸르른 눈물 027
일어나 맨 처음 바라보는 쪽 028
덕유산 설경 029
인간의 의리, 그 도저함 030

제2부

대숲에 흰눈이 내리면 035
응시 036
김해 김씨 울 엄마 창순이 037
담배 038
닭이 울기 한참 전에 039
눈물바다 040
조붓한 고샅이 눈물로 흐르더라도 041
고모 운운해 본다 042
아스팔트에 내다 넌 슬픔 044
책에 눌린 3년 046
두 손으로 받들 둥지 048
도마는 늙었다 050
달걀 삶아 먹는 겨울밤은 깊고 051
수돗물로 쏟아지는 설움 052
시일是日 054
잔칫날 055
키 높임 신발 056

제3부

전쟁이나 평화적인 것 059
그 집에는 베트남 며느리가 없다 060
평화 063
이라크 학동學童들에게 064
단상 066
4 · 16 세월호 068
광화문에는 붉고 흰 꽃 사태 069
피노키오, 각하는 죽었다 070
리버킬 072
강물의 점심 식사 074
군화 076
진부한 시 077
이제 집으로 돌아갈 시간입니다 078
개가 사라졌다 079
이면시裏面詩 080

제4부

그 083

오십줄 084

무의촌 085

트럭 086

개는 목줄에 묶여 저기 있고 088

몸뚱이로 오는 두꺼비 089

내다 버린 가구 090

슬픈 공원 091

화목 092

어린 사람 093

짧은 시는 어렵다 094

이백과의 산중 문답 096

오름에 업힌 집 한 채와 하늘사다리 098

꼬춧가루 풀어 먹고 용궁으로 잔뜩 가자 100

나비구름으로 부활한 이여 103

해설 | 박시교 107

제1부

오는 겨울

오려놓은 천 조각들 집채만 한 미련이
이불 한 채 검게 마련한다

새끼 게들이 다닥다닥 들러붙어 있는 뻘밭으로
저녁 해가 시뻘겋게 떨어지고
현이라는 처녀의 눈물이
아직 다 마르지 않았다

처녀 적에 죽은 홀어미만
풍경소리에 홀려 흩날리고

겨울일기

며칠째 사납게 춥고
바람도 인심도 나마저도
강 건너 가난한 나무들도 오래 춥다
흙 냄새 짙은 바람벽과
군불 지핀 방바닥서
은은히 피어나던 연기
물주전자 얹힌 따스한 난로
파르라니 머리 깎은 스님 친구
야음이 야음을 타고
도란도란도란
창문에 와 등불로 흔들린다
개 짖는 소리 멀고 가까웁게
겨울나무이고 싶다
추울 때 더 춥고
추위보다 더 지독한

적막

아스팔트에 낙엽이 불빛처럼 붙어 있다

발에 채인 바람이

등짐처럼 커다란 가방을 짊어진 외국인 노동자 뒤로 고양이처럼 튀었다

날카롭게 고양이 사라진 곳

술 취해 하늘을 덮고 누운 자의

울리는 휴대폰 속 의문이 끌려가고 있었다

비에 젖은 낙엽이 밤 불빛으로 번들거리고

차가움 전혀 모르는 적막

개구리 소리

사방은 논바닥
한밤중의 개구리 소리는
마을을,
잠자려는 사람을 들었다 놨다 한다
커다란 파도가 사방을 집어 삼킬 듯하다
그러나
한밤중의 개구리 소리는 초롱초롱한 별
저렇듯 수천 수만
쉬임 없이 울어대도
사람들처럼 시끄럽지 않다
사람들처럼 괴롭지도 않다
결국 아침이면
모두 흩어져서
맑고 밝은 햇살
풋풋한 초록 이파리들로 너울거린다
아, 저 푸른 하늘의
한 점 은빛!

누가 타고 오시는 비행기길래
저리도 반짝이시나
어디쯤서 밤새 울어대던 개구리 소리시던가
나를 울지도 못하게 하시는

제비

홀로 까맣게 빛나던

외롭던

한낮의 전깃줄을 줄줄 울게 하면서

어지럽게 흔들어대면서

차가운 비가 쏟아진다

전선이 전선에 엉겨

번들번들 전깃줄에 뒤엉겨

밤비가 온다

가서는 다시 돌아오지 말라며

그가 앉을 만한 뜰

한 철 한적한 뜰에

각목 몇 개에 못을 박은

노란 나무의자 하나

햇살은 나뭇가지 그림자를 흔들고

새들의 소요가 울타리에 명랑한

한 철 한적한 마음에

오래 다듬어 고치고 쓰고도

부치지 않은 편지

팔랑팔랑

허리 잘록한 초록을 앉히면

그가 앉을 만한 뜰

새떼

매서운 하늘 저편에서 점 하나가 점점이 다가오곤 하더니 아침나절 어깨 너머 담 너머로 느닷없는 목련

처마 끝

멀리 열차가 가르며 가는 것은 안개인가

저 들이 흘리며 가는 바람인가

처마 끝 산모롱이는 돌아가며 부옇고 흐리다

목단이 피었던 곁으로 수국이 피었다 지고

처마가 느리게 굽은 곳

소녀의 온기가 떠난 방 마루를 오래 서성인다

나무들 줄 지어 선 산매 고적한데

오후의 빛깔

생활용품을 가득 싣고 다니는 파란색 만물트럭

노란 등불을 밝히기 시작하는

늙은 호박넌출 담장 아래 지나간다

목이 쉰 스피커에서는 우는 염소의 목소리

제가 겨운 제 노래까지 불러 깨우며

길 위에 부려놓기 시작한다 붉은 고무다라이, 플라스틱 빨래판

하필이면 노란 나일론 끈에 엮인 노란 냄비, 주전자

언제부터 쥐고 다녔는지 모를

까매진 목장갑 안의 까아만 호두 두 알

빗자루 같은 할미꽃 서너 송이 금방 피었다 져버린 뒤

먼지를 일으키며 돌아서 가는

적막의, 푸른 빛깔

가을이 꽉 찼다

가을비가 꽉 찼다
집안을 따뜻하게 해 놓고
차를 끓이리니

남새를 담지 않으리
넙대대한 꽃버치
그 눈물도 담지 않으리
다만
2009 기축년 여럿이 함께 흘렸던
눈물을 끓여
멀리 있는 생각만을 조용히 담으리

가을비 가득 할수록
눈물 속 그 향 거칠기를
고구려 들판에 핀 들국
말갈기 태우던 들국

함께 가 있었던 먼 먼 가을 그려

차를 끓이리
가을이 꽉 차도록

채색

누구네 집에 왔는지 날도 추운데 까치밥도 젊음도 다 사라지고

시커먼 구름 그림자만 가득히 지나는 마을 한복판

타작마당에 휴일이라 다니러 왔는지

누구네 색동 손녀들이 새뜻한 털모자 목도리 털장갑 흔들며 깔깔깔 웃음이 번진다

저 푸르른 눈물

저 장롱 깊숙이서 나왔습니다

1996년 9월 20일 날짜로 찍힌 사동초등학교 가을 운동회기념으로 나눠 주었던 타월입니다

서기 2001년 9월에 폐교된 이후

어느 빈 가을에
들렀던 텅 빈 운동장 한쪽에

고무줄놀이의 주인공들이 완벽히 사라진 뒤 쓸쓸히 묶여 있던 검은 고무줄과 같이

서기 2004년 한여름에
그냥
뭉게구름 흘러가는 하늘을 보고 나는 쓸쓸한 눈물이 흐릅니다

일어나 맨 처음 바라보는 쪽

참새소리 일일이 빛나니
까만 동백기름에 비녀를 곱게 찌른 조모
떡이 나오거든 사촌들 오촌 당숙들에게까지 빠짐없이 돌리라며
어린 아버지 어머니 손을 잡고 방앗간 앞에 계시던 곳

내가 돌아가야 할 곳 지리산

아이들이 늙은 내 손을 잡고
출렁출렁 손자 손녀들이 뒤를 따르는 가운데 바라보던 곳
지리산 쪽 바라보는 남해 바다인가

참새소리 일일이 지저귀는
이 때 저 때

덕유산 설경

풍경에 종사하리라

나도 저처럼

드센 산맥으로 달려간 뒤에

가장 단단해진

설경으로

인간의 의리, 그 도저함

1.

영화 '워낭소리'를 보자면 처참한 아름다움에 휩싸인다
40년을 소와 동무해 살아온 팔순 노인은
농사에 평생을 종사해 온 늙은 몸을 이끌고도
소에게 먹이 주는 게 최우선이다
무릎으로 기며 꼴을 베고
소에게 좋은 것이라면 어떻게든 골라다 준다
얼마 살지 못할 것이라는 수의사의 말
우시장에 끌고 나갔지만 결국 팔지 못하고 집으로 데려 온다

그리고 얼마 뒤 일어나지 못하는 소의
코뚜레와 고삐며 워낭을 낫으로 잘라낸다
평생의 고삐를 풀어 주는 것이다
포크레인으로 땅을 파고 소를 묻는다
그런 다음 사람의 무덤처럼 봉분을 해 떼를 입힌다
자식들과 며느리가 나타나

아버지 건강을 위하는 체하며 소를 팔라고 했지만
노인은 결코 팔지 않았다
그리고 서울 사는 자식들에게 쌀가마며 농사지은 물건들을 부친다

2.
백두대간 산에서 모여들어 시내로 흐르고
여울목 노래를 만들고
도도히 흐르고 흘러 휘어감기고 굽이치며
미루나무와 푸른 하늘을 내어주는 강
뜨거운 여름과 자갈밭과 백사장을 만들어 주는 강
그 강을 토막토막 잘라버리겠단다
그렇다면 우리의 그 강은 절대로 다시는 이 땅에 없다
만해의 심우도도 다 죽이고 죽자고 해 본다면
'鞭繩空頓草堂間(편승공돈초당간) 채찍과 고삐가 초가 사이에 부질없이 놓여 있네'

제2부

대숲에 흰눈이 내리면

참새 떼 사철나무 울타리에 밤젓 삭히는 밤

마당의 발자국이 어머니인줄 아무도 몰랐다

응시

치매에서 깨어 오똑 일어나 앉으니
마을 건너엔 꽃 한 송이

무얼 그리느라 환하고도 밝은 꽃

유리잔 가득 막걸리를 부어
붕어처럼 소리 없이 웃어요 엄마,

엄마는 두 살 박이 우리 아기

지금은 나

낡은 괘종시계가 마루에 걸린
마루 속의 낡은 괘종시계와 마주 앉아

김해 김씨 울 엄마 창순이

아무도 없는 곳에 일흔 해 전 누가 심어둔 꽃
봄 마중 나비가 날은다
노란 꽃이 무너지며 한 고뇌가 두 고뇌를 훌연 넘어 간다
먼지가 피고 아지랑이가 피고
그 뒤에 엄마 모습을 한 우리들이 여럿으로 모여 있으리
하루 전만 해도 한 달은 더 버틸 거라고
생선을 굽고 소주를 따르며

담배

먼, 아주 먼 외딴집에서 깜박이는 밤불빛 속에서 술기운에 붉어진 어머니가 담배연기 내뿜으며 무슨 말을 계속하고 있었다 이쯤이면 멀리, 아주 멀리 외딴집의 깜빡이는 불빛으로 모여드는 나방의 날개짓마냥 나는 또 가난하거나 외로울 수만은 없는 까불거리는 나방의 딸로서도 구만 리 먼 불빛에 젖는 것이다 눈부처… 밤불빛… 늦은 밤마루에 나앉은 희부연 담배연기… 입술을 깨물면서 가벼움… 그리움… 어두움… 그리고 가물거리는 아픔을 피워본다 여기도 아주 먼 먼 외딴채

닭이 울기 한참 전에

흰 종이에 끼적거리다 나도 모르게 무얼 쓰고 말았다

가난은 너무 심해서 혁명은 피와 고름

그리고 그에 덧쓰다가 물에 젖기 전에 만난

이미 많이 번진

어머니……

나도 모르게 비밀스러운 마음을 다 쓰고 말았다

눈물바다

삐뚤빼뚤 글자가 기어다니는 것 같아도 찬찬히 보면 엄마 편지다

해 좋은 날
바구미 먹은 팥 자루 밑에 숨겼던 찹쌀로 찰밥 해서 같이 먹고 싶다고 딸아

이 하나밖에 없는 엄마는 2000년에 돌아가시고 돌아오지 않았다
여태

조붓한 고샅이 눈물로 흐르더라도

막내고모가 내게 들르겠다는 것은
고모부의 천도에 쓰일 침향이라도 가지러 오겠다는 뜻이겠지만,
선대의 할머니에서 할머니 엄마로 또 여조카들로 이어지는 이 집 고샅의
무엇을 더듬어보겠다는 마음이었을 터,
아주까리 서 있던 자리며 장독마다 담겼던 얘기들로 마당을 둘러보거나
올캐언니가 끓여주던 생각이 난다며 맑은 아욱국에 수저가 떨렸으니
나는 그이들이 하던 것처럼 대문 밖에 나가 어서 가시라고 손을 흔들거나 하지는
못하고…

고모 운운해 본다

가끔은 남자들이 할 수 없는 기운과 면모도 있는 여장부이기도 해서
크고 작은 집안일을 이끌면서도
그 여성스러움은 궁궐 속 서슬인지 정묘하거나 곱고도 시퍼럴 정도였다

외가와는 또 다른 어떤 것이 조금은 두려웠지만 그리 무섭지는 않았다
검지로 찍어주던 된장 맛을 오래도록 잊지 않게 하는 그 힘은 무엇이던가!

가끔 잔치나 제사 때 집으로 모여들기라도 하면
여승들의 행렬인 듯 내밀한 기운을 비쳤지만
먹어라! 하는 투박한 말로
쓰디쓴 탕약을 웃으며 넘기게 했던 기억도 있다

무릎 위에 나를 앉히고

촘촘한 바느질로 지어내던 반나절 끝의 색동적삼 같았던 눈빛 사십 년
숲의 초록을 지우며 언뜻 연보蓮步처럼 움직이는 조심스러운 그림자

그 조용한 움직임에 합장하느니
멀리 매미소리가 모시적삼 안으로 숨은 고적한 절터를 고모 앞을 지나듯

아스팔트에 내다 넌 슬픔

늦은 성묘 왔던
차들이 우르르 몰려간
까만 아스팔트 위에
지난해처럼
누런 벼가 널리고
햇볕은 발을 내어
느릿느릿 고무래질을 하는데

붉은 고추를 내다 널며
어깨가 처진다
텅 빈 읍내 버스가 지나가고
택배 기사가 인사하는
형편없이 늙은 가을 정자나무
안팎으로 까르르르
그리운 손자들

달이 뜨고 이슥하도록

눈물 적시는
올 수 없는 며느리가 살던
서울시 광진구 풍납동
오지 못하는 자식

책에 눌린 3년

무얼 간절하게 말할 것이라고
네게 써놓고 부치지 못한 편지가 우연히 책갈피 속에서 발견되었다

네게 참 많이 미안하고 내게 부끄럽고 또 그때 그 마음으로 네게 무얼 다 해 주지 못해서 맘이 더 아프다
여기저기 나타나는 몇 가지 늙어버린 글을 지우고 새로 생각난 것을 보태다 보니 결국 다 지워지고 얘기며 줄거리도 모두 끊기고 겨우 몇 줄만 남게 되었다
조금 일찍 보았더라면 이번 추석 때 그 마음이라도 전했을 텐데
너를 보내놓고 난 들판 한복판 서늘한 기운 속에 눈물 비치지는 않았을 텐데 하는 아쉬움이 크다
일찍이 집을 떠나 객지로 떠돌다 보니 따뜻한 밥도 못 해 먹인 게 아프고 속상하구나
그러고 보니 얼마 전 바짝 말라서 수술 받으러 병원에 가게 된 것도 다 이 어미의 못난 탓이다

미안하다 곧 겨울이 올 테니 따뜻하게 잘 지내라고 쓰고 또 지웠다

언제나 예쁘고 소중한 내 딸아, 사랑한다는 말 대신 그냥 미안하다는 말 한마디로

맺는다

두 손으로 받들 둥지

집으로 돌아갈 길을 뒤돌아보는 북쪽 산입니다
푸른 솔 사이사이 많은 집들이 벚꽃 잎처럼 날립니다
남의 집들입니다
아는 듯 개 짖는 소리 멀리서 들리고
교회 십자가라든가
집 앞에 나온 사람들이 있습니다

나는 이제
빌려 살고 있는 집 내어주고
마지막으로 살게 될 집을 찾고 있습니다
그 기분은 당신에게도 눈물겨울 겁니다
고원
높은 곳에 누운 나무들은 키들이 점점 작아지고
바람은 방파제를 치듯이 거세게 웁니다
그뿐 그곳에서도 사람의 말은 들리지 않을 겁니다

풍경 살랑살랑 울고 둥지는

햇살 바르고 하얀 포대기처럼 아늑한 곳이어서
가지런한 두 발 공손한 몸
마음과 눈물의 두 손으로 소중히 받드는 둥지겠지요
매일 보고 인사하는 마을 사람의 한 사람으로
집으로 돌아갈 길을 뒤돌아보는 북쪽 산입니다

도마는 늙었다

도마는 늙었다

서울서 손님이 온다는 어느 날 무를 썰고 마늘을 다지고 고깃살 저미다가 급히 손바닥으로 훔쳐낸 뒤 볼락 두 마리 돔 몇 마리를 다듬고 햇볕 앞에 내다 널며 앞치마에 손을 감고 오늘도 기다리는

달걀 삶아 먹는 겨울밤은 깊고

지나가는 전깃줄 쉭쉭, 우는 그림자가

창문에 커튼에 다 떠나지 못한 누구의 울음처럼 찾아오는 밤

따뜻한 삶은 달걀을 먹다가 그만 사이다처럼 치어오르는 아버지

수돗물로 쏟아지는 설움

물도 생명이 있고
사람과 같이 말하고 행동하지요

50년 늙은 마을 저수지 물을 먹다가
맑고 찬 진양호 물을 수돗물로 사용하게 되었으니
이 수도를 틀면 왠지 구성진 노래가 나오고
사람들 얘기가 두런두런 들려오는 것이었습니다

애타고 목마른 강
함양을 지나 산청 단성으로
단성을 떠나 진양호 취수장에 눈물처럼 모여
이제 내 가슴으로 와 콸콸콸 울어대는 것입니다
강변을 따라 걸으며 부르던 노래가 들려오고
식구들과 함께 도란도란 모여 살던 때가
막막하게도 눈물로 철철 넘쳐납니다

어려서 동생들과 나가 놀던 강

찔레꽃이 피어 있고
지금은 아무도 없지만
지난해까지 아버지가 남아서 손발을 적시고
목을 축이던 강물은 그리운 나의 어머니
두 손을 모아 웁니다

몸이 아파 며칠을 병원에 입원하느라
집을 비웠더니 수도가 입을 딱 닫아버린 것입니다
수도가 꽁꽁 얼고
고향집 소식도 꽝꽝 얼었습니다
아버지 보고 싶습니다

시일是日

가까운 기운들이 국수를 삶고
바깥 나뭇가지 속에서 짹짹거렸다
여름내 먹구름과 우기는 지나치게 닥쳤다
멀리서 온 분들이 추석 차례상을 받고 떠난 뒤
문들이 하나둘 닫히고
수저가 제자리에 놓이고
나뭇잎은 구르고 쏠리고 나른다
비좁은 틈새로 거미 한 마리가 겨우 살아남았다
아직 남은 반잔의 술
비행선 모양의 구름들이 하나 둘 떠올랐다
울타리를 못 떠난 작은 기운들
가관이다

잔칫날

생쥐 굴도 겁도 없이 동네 한 바퀴, 빈집도 여럿

키 높임 신발

그것은 작은 키에 대한 보상의 의미다

자폐적 어둠에서 뛰쳐나와
기쁨과 만족으로 익숙해진 걸음

그의 발은 이제 자연스럽다

늘 까치발이어서
뒤꿈치 들고
고매한 담의 높이와 가시넝쿨장미를
스프링처럼 튀어오르던

그녀와 그녀의 관중 속에서도 당당하다

멋진 여자들도 곁에 와 견주고
등 굽어 키 작은 할머니도 우러른다

어깨와 머리 사이 꼿꼿한 기개로

제3부

전쟁이나 평화적인 것

전쟁은 터진다
평화는 불붙는다
그리고 조용해진다

극도로 평화만을 누려왔기에!
군수업자와 석유재벌은 평화만을 갈구했다
또 다른 캐터필러를 밀어 넣고 전쟁복구 사업을 하고
또다시 극도의 평화가 휩쓸고 간다

전쟁을 위해
오로지 전쟁만을 위해!
철부지 뒷집 아이처럼 생긴 부시가 배시시 웃고
CNN의 화면은 SARS를 뿌려대며
아시아를 전면적으로 공략하기 시작했다

곧
아시아에도 군수업자와 석유재벌의 평화가 닥쳐올 것이다

그 집에는 베트남 며느리가 없다

이런 시어머니가 있었다더라
베트남 며느리면 어떻고 연변에서 데려오면 어때
또 왔다 갈 건데
실한 일꾼 들인 셈 치고 되게 부려먹으면 되지!

이런 시어머니가 있었다더라
그리하여 제 땅에선 마누라 구하기가 힘들어
빚 갚아주고 베트남에서 네 번째로 마누라를 사 들이니
죽어라 일만 시키고
일 하는 데 또 일 하라 하고
찬 방에서 자라고 아들에게서 떼 내어 한데로 내치고
헝클어진 머리를 다시 잡아채
찢어진 옷 모두 찢어 알몸으로 내쫓는 시어머니가 있었다더라

이런 며느리가 있었다더라
말도 잘 통하지 않는 말로 마을 사람들과 웃고 인사하고

전부인의 애도 제 자식처럼 잘 보살피고
하루 종일 일도 열심히 하고
눈치도 열심히 보고
서방이 몰래 사다 준 과자 몇 개에 눈물 흘리던
베트남에서 팔려온 키 작은 며느리가 있었다고 하더라

그런 시어머니가 있었다더라
밥도 못 먹게 하고 라면만 먹어라 해놓고
라면 끓여 먹고 있으면 머리통을 때리는 시어머니
우리나라 베트남에도 라면 있어요! 하며 며느리가 울먹
이면
그만 먹으라고 또 때리는 시어머니가 있었다고 하더라
그런 시어머니가 있어서 더 이상 함께 살 수가 없다며
제 나라 베트남으로 떠난 며느리도 있었다 하더라

이런 전쟁이 있었다더라
저희가 전쟁을 시작해 놓고 저 나라 젊은이들을 끌어다

기름진 시레이션과 각종 신무기로 무장시켜
정글로 마을로 논으로 내몰아
네째로 왔다 간 며느리의 나라를 쑥대밭으로 만들고
갓난아이며 어린이와 처녀 노인들 할 것 없이
모조리 베트공이니 사살하도록
저 나라 젊은이들을 사서 살육의 전장에 내팽개친 나라가 있다더라
그런 과거가 있었다더라

평화

빨랫줄 빈 옷걸이에 참새가 날아오고
묽은 안개는 내 옷을 믿고 의지해 스며든다

나는 줄넘기를 한다

CNN에 총성과 포연이 거둬질 때까지
누런 빈 대야에 아침 해가 번들거릴 때까지

이라크 학동學童들에게

2004년 6월 24일 야만의 시간에

우리가 어려서 글공부를 하니
약자를 괴롭히는 강한 자와 맞서 싸워라
귀가 따갑게
왜와 싸워서 이겨라
죽이지 말라 우리 어린 인민이다
죽창아!
베트남의 편에 서라
장터 안에 매 맞고 있는 거지를 도와라
백구두와 맞서 싸워 삼거리 주모를 지켜라 였다

길이 아니면 가지를 마라
독재다
살육이다
미국 놈들 물러가라!
우리가 어려서 이렇게 글공부를 하니
약자를 괴롭히는 강한 자와 맞서 싸워라
싸워서 끝내 이겨라 였다

그러나 너희들은 이미
토담 안에서
포성 속에서
핏물과 주검 속에서 성큼 자랐으니
그 기운 다 자랐으니 이젠
너희가 그것을 귀가 따갑게 가르치겠구나

약자를 괴롭히는 강한 자와 맞서 싸워라!
싸워서 끝내 이겨라!
학동은 이것을 결코 잊지 말아야 한다
이라크의 학동들아!

단상

어떤 때…
가끔 나도 모르게 눈물이 뜨거웠지
눈에 쌓인 지리산…
눈에 시린
덕유산을 멀리서 바라볼 때

천 리를 달려
서울시청 광장에 가 이 나라 이름을 외쳐 부르다가…

마른 장작처럼 죽어 가는 어머니…
괜히 엄마가 불쌍할 때

하야! 탄핵!
다시 광화문에 모여 그 기쁨과 슬픔이 뒤엉키는 때

유모차 어린 애들의 모습이
동요하지 않는 하나의 촛불로 겹쳐질 때

아주 단단하고
차가운
깨어지지 않는 돌멩이처럼

나도 모르게 눈물이 뜨거운 때
내 애들이어서가 아니라
꼭 내 조국이어서가 아니라

4 · 16 세월호

폐교된 교정에 지금 꽃이 피는 일은
상상할 수도 없는 일이다

내 마음의 기차
삼천포라는 바다에 기차가 들어온다거나
이제는 없는 사람과 생일상을 마주한다거나

폐교된 지 오랜 지금
그 교정에 아이들 웃음이 꽃피기 전에는

대나무에 솔잎이 돋아나는 일
상상할 수도 없다

2014년 4월 16일 대한민국
너무나 많은 아들딸들이 일시에 사라졌다

광화문에는 붉고 흰 꽃 사태

백 걸음쯤의 초록 속에
아니, 이백 걸음쯤의 연초록 속에
걷는대로 걸음 따라 피는 듯
장미넝쿨 붉은 꽃들이 화르르 피었다
섞이거나 연달아
새하얀 찔레꽃이 촘촘히 피어 있다

한가득 나와 노는 아이들 속엔
약국집 둘째딸도 뛰어 논다
이 저가 다름없이
한 초록으로 이어진 담장이라
다시 백 걸음쯤 넝쿨과 덤불 속
얼싸안고 약속하듯
새하얀 꽃들이 붉은 꽃과 다르게 피어 있다
다투듯 뛰놀듯
하얀 초에 환하게 불을 밝히고

피노키오, 각하는 죽었다

무지는 지식보다 더 확신을 가지게 한다

— 찰스 다윈

살아 살지 않고 죽어 죽지 못한

죄의 짐을 지고도 그는 알지 못한다

자기를 끊임없이 수정 개조하듯

역사수정주의자다

화관의 무리 속 꼭두각시놀음에 도끼 자루는 썩었고

피보다 진한 물 속에서 허우적거리는

그대에게 구명대란 없다

각하 가만 있어랏!

나라 살림은 제쳐두고 지금껏 한 것이라곤

하나부터 열까지

거짓과 변명

어눌한 응석

……

높은 단 위에 올라서는 것은, 두루 살피고

멀리보라는 뜻

제 앞가림도 못한 어릿광대

경악을 금치 못하는 작금에,

시인님들!

"不憂國非詩也"*

* 정다산 선생이 강진 유배지에서 고향의 두 아들에게 보낸 편지글을 빌려옴.

리버킬

밤길 가운데로 어린 고라니가 튀어나왔다
마주친 서치라이트 앞에서 어리둥절 갈팡질팡하더니
기절초풍 풍비박산으로 이리 뛰고 저리 뛰다가
결국에는 자해인지 차 앞을 들이박고 엎어졌다가 일어나 뛰는 둥
질겁했거나 혼이 빠져 산으로 돌아가며 뒤돌아보는
그 짧은 순간의 눈은 빛이었다
식겁하는 갈림길이었다
이 사람도 뭇 생명 앞에 콱 밟은 브레이크처럼 심장이 팍팍 튀었다
쑥부쟁이가 트럭에 치어 쓰러졌고 조약돌이 흩어졌고
잉어 누치의 입이 땡볕에 열렸다
달아날 다리도 없이 뜨겁게 반짝이던 금모래도 삶과 죽음으로 갈렸다
피할 곳 어디 없으니 붉은 피 줄줄 흘리며
소월도 만해도 그 자리에서 압사했고
내일은 지용이 무릎을 꺾고 주저앉고 말 것이다

가죽이 벗겨진 채 물신들이 신음하는 동안
느닷없이 퍼부을 엄청난 폭우가 그들의 핏물이야 씻어주겠지만
네 신세도 저러할 것이다
자꾸만 새끼 고라니 놀란 눈빛이 생각났다
차에 친 채 필사적으로 기어 피난하는 갯버들을 향해
또다시 달려드는 못난 놈들의 쾌속질주 앞에

강물의 점심 식사

노스님이
예지의 혀를 차며 돌아가는 동안
쉿내와 기름내를 풀어놓으며
그르렁그르렁
세수만 하겠다고 내려서는 굴삭기

풀꽃들이 놀라 엎드리고
벌레들 파산하고
가을로 소풍을 나가려던 강
기겁해 깨지는 물거울
모래가 메뚜기처럼 튀어대는 동안

뜰에는 반짝이는 금모래빛
노래하는 소월의 강
멈추고 바라보는 수많은 염소들의 까만 눈

강물도 밥 먹으며 사신다면

그 기운차고 도도한 강물의 나이테로 감아
점심밥으로 맛있게 굴삭기 잡아 드시라
때때로 울며 바랄 뿐입니다려*

* 소월의 시 「기회」.

군화

딱딱한 가죽신을 신은
발은 아프다

망치로 쳐도
지뢰가 터져도

어미와 반대쪽에 있는
저 마음은
하나둘! 하나둘! 대열에 경건하다

걸을 때마다
인간의 세련된 전쟁문화는 저토록
아프다

휴가 나와서도
발모가지를 향해 반듯하게 서 있는
저 군화!

진부한 시

언제나 다정한 동행 친구였던 둘 사이에 질투와 미움이 생기기 시작한 건

미순에게 멋진 시가 나타나고부터였다

그들의 밀착이 부럽기만 했던 혜자는 유치하도록 진부한 질투로 그들 사이를 찢기 시작했고

봄에 빼앗기고 여름엔 투쟁하라는 경구를 몸에 지닌 채 소설반으로

시반으로 또 동화반에 방송국 작가 지망생으로까지 나서봤지만

미순이는 자기 곁에 있지 않았다

그러던 중 어느 시낭송회에 내걸린 걸개에 자신에게 쓴 '엄마를 보내고 갑자기 낙태처럼 내게로 온' 으로 시작하는 미순의 '내 친구' 라는 시를 발견하곤 그대로 주저앉아 펑펑 울기 시작했고

많은 이파리로 하늘을 선선히 쓸고 있는 느티나무 아래 이제 예전으로 고스란히 돌아가자고 울어주는 혜자는 미순이가 밉고도 미웠다 신생아처럼

이제 집으로 돌아갈 시간입니다

우리 집은 시골이어도 도로 쪽에 있어
언제나 오가는 사람들이 많았지
다방도 몇 개 있었고 70년대 겨울
고요한 밤이면 삼촌 친구들 휘파람소리가 모여 있었지
그때는 야간통행금지란 게 있어서 자정이 넘으면 밖엘 나가지 못하는
이상한 시절이었지
청소년 여러분, 이제 집으로 돌아갈 시간입니다! 하고
라디오에선 통행금지를 알렸고
그러면 적의 군영에 침투하는 것처럼 뒤꿈치 들고 몰래몰래 어디 가서
동치미 얻어다 먹는 재미가 있었지
그래도 그때 지서 순경들은 아주 야멸차지는 않았어
지금은 누구네 집에 고구마가 맛있지?
얘기하다 보니 정말 그때 같이 골목골목을 잽싸게 돌아
그 옛날 청소년 여러분! 이제는 우리가 옛집으로 돌아갈 시간이 다 된 거지요?

개가 사라졌다

길거리에 개가 없다
폭풍우도 없이 초가는 사라졌고
어느 날부터인가
먼지 이는 길도
아버지의 삼거리 다방도 사라졌다
닭 울음도 사라졌다
먼 데서 가까운 데서 짖어대던 개들도 없다
전봇대에 다리 든 개도 볼 수가 없고
처녀들 피해 가던 흘레도 이젠 없다
아, 처녀란 말도 사라지는구나!
거리에 개가 사라진 건
애완의 시절이 도래해서인가?
세련된 패션만이 남는다는 것인가?
세상이 버름하고 길거리가 이상하다
개새끼! 하고 독구를 부르면 멀쩡한 개들을
돌아보는 사람들만 남았다

이면시裏面詩

처음부터 먹으려고 키워진 뒷집 개는
집 앞 아스팔트에 널어놓은 나락을 지키려
감나무 찢기듯 밤새 짖고, 짖어대고

이장 집 불이 켜졌다가
마룻장 발걸음과 함께 꺼졌다가 다시 발걸음 일 때

새로 지은 저편 외딴집
밀도살이 수군거린다는 소문 속
매일 밤, 도살되지 않은 여분의 소가 운다 오래 운다

제4부

그

탱자나무 가지 속

까맣게 내려앉은 참새 떼가 출렁인다

사방으로 흩어져 밤하늘에 영롱하더니

한 잎 한 잎 바람처럼 일어 하늘 가득 날아오른다

유리창 밖의 비 젖은 들판을 지나

종소리, 발자국, 알 수 없는 기척 한나절을 뿌옇게 번져 온다

오십줄

나뭇가지 사이 비쳐질 듯 는개로 흐르는 기운을 시집올 때 지녔던 꽃수라 여기고 이런 지금을 찬찬히

간단한 반찬 만들어 밥 한술 뜨고 차 한 잔과 함께 금세 따사로워진 가을이라 여겨

누가 스스로 놓아먹이기를, 그래도 좀 오래인 양 짊어진 눈물 쏙 빠지도록 까만 글자에 즐겨 새겨 이만큼으로 후회가 없어도

무의촌

우리가 곱게 태어나서
두툼한 머슴의 손이 아니고는
들판을 들 수가 없다

문장도
화폭도
그 머슴들이
밥을 차리고
몸뚱이를 살려냈다

봄에 피었다가 날아간
순간의 벼꽃은
다 어디로 사라졌는가

트럭

나는 마음이다
먼지 나는 흙길 위에 있다
울퉁불퉁하고 자갈이 튀고
담배 연기는 내게서 빠르게 멀어져 간다
아내는 전화를 받지 않고
아이들은 언제 올 거냐고 투정을 한다

갑자기
타이어 터지는 소리가 건너편 산을 울렸다
두꺼비집이 터질 때도 그랬다
스페어로 터진 바퀴를 치우고
들길에 둥지처럼 앉았다

첫 아내는 첫 아이를 낳고 죽었고
다음 여자는 제 고향 베트남으로 돌아갔다
김수희가 꺽꺽 울었다
다른 트럭의 먼지 속을 따라가

북엇국 몇 숟가락으로
소주 반병씩을 나눠 마시며
앉은뱅이 마누라를 치우고 싶다는
붉은 눈의 너도 솔직히 마음이라고 말했다

왜 우리의 마음은 덜컹거리고
먼지가 일고
밤이 늦어서야 집으로 돌아가
잠든 아이들의 발을 만지며 울어야 하는가
둥근 운전대 어루만지며
너도 마음이니까
나도 엔진이 있으니까 하며……

개는 목줄에 묶여 저기 있고

개 밥그릇이 바람에 이리저리 굴러다니고 있다

낑낑거리다 짖어 울다가

누가 온 곳과 방 안 쪽을 번갈아 바라보더니

나중엔 두 발 모으고 한 곳으로 향하고 있다

애동지 문짝 안으로

고욤 단지 고욤이 다 녹도록

빠진 홍시 자리가 기척도 없이

혼자 살던 그녀가 방안에 조용히 누워 있다

바람이 이리저리 개밥그릇 속을 구르고 있다

몸뚱이로 오는 두꺼비

밤이면 가로등 아래 떨어진 날것들을
제 몸에 담기 위해 찾아오던 두꺼비
그 두꺼비가 덤프트럭 바퀴를 따라 간 뒤 두 해가 지나
사나흘 장맛비 오는 밤

앞마당에 불을 환하게 밝히고 옥이네가 아이를 낳고
범종 닮은 뒷산이 종신을 울리기까지
트럭을 잡아먹고 돌아와 흙 묻은 발과 눈을 느리게 닦아내며
울퉁불퉁 흑갈색 몸뚱이를 웅크린 어느 깊은 동굴인가

우렁우렁 시간을 겹겹이 쌓아놓고 비와 구름을 불러오는 상서로운 밤하늘

내다 버린 가구

비둘기가 도로 한복판에 누웠다
돌아오는 길에 보니 좀 해졌더니
다음 날 만겁의 먼지라 몇몇의 깃만 날리고 있었다

가구도 비둘기와 같아서 버림받고 죽어간다

며느리가 밤이슬 속 시엄니 몰래 내다 버린 가구도
춥고 떨리고 무서운 밤을 지나
햇볕과 바람과 덜그럭거리며
벽 짚고 삐걱거리고 휘청거리다가
무릎을 팍 꿇고 주저앉는다

모든 물질로부터 몇 개의 깃으로 흩어지는
내다 버려진 가구 같은 사랑

파마머리 아직 풀리지 않았는데
아, 못나게도 두 번째 서랍이 슬프다

슬픈 공원

다른 옛 생각을 하느라 그냥 걷다가
죽은 조경수 사이로 본 부유스름한 가운데
짤막한 작대기들이 묘비처럼 서 있거나
돼먹지 못한 서양의 씨앗을 급조해 놓은 조화들만의 공원이었다

공원 말고 돼지비계로 쓱쓱 문지른 솥뚜껑의 쇠빛
반들반들 자글거리는 가랑비 속에
머릿수건 여인네들이 옹기종기 장독대처럼 모여 전을 부치고

작년에 이웃을 보내느라 이 짓을 하던 남정네가
오늘 똑 죽어 장사 치르는 집이어서
아주 슬픈 공원은 진정 사람들 사이에 없더란 말인가
폐교 뒤에서 담배 한 대 피워 물고

화목

죽음을 한꺼번에 다 밝히고도 남을 장작더미가 집을 이루고 있다
은혜만큼 깊고 먼 산중의 밤이어서 눈 쌓인 것만으로도 적막함은 깊다

눈물어린 숟가락 먼저 들지 못하도록 물에 만 밥을 앞에다 두고
건네야 할지를 주저하는 하얀 편지봉투 한 장이 무릎 앞에 놓여 있다

여든에 전 재산이라고 내어놓은 시아버지의 통장과 도장

다 함께 불길로 태워야 할 것들이라면 떨리면서도 환하다
수많은 장작들이 한꺼번에 하늘을 날아오르는 붉은 밤이었다

어린 사람

어린 사람이 엄마의 영정을 들고 어째야 하냐는 듯 어른들을 자꾸 올려다보고 있었다

무엇이든 한번 해 보지 않은 한 작은 사람이

짧은 시는 어렵다

1.
멸치 몇 마리로 국물을 내
국수를 말아 먹는다

국수 속엔 국수를 닮은 이야기가 있고
그 사람들이 있고
그 사람들의 그 사람들이 거듭 얽혀 있다

국수.
짧고 긴 생명의 이야기

2.
쓸수록 어렵고 힘든
시의 본령

자르고 토막 내고

겹쳐진 의미와 말들을 거둬내고
너무 짧아져
여백의 미에 낙서하고픈
짤막한 또는 한줌

뭘 하자고 처음 생각했던가?
촌철살인

나이 먹어가며 하나씩 버리고
정리하는 것과 같이

이백과의 산중 문답

2010년 병인년 올해는 유난히 비가 잦아 산중엔 실제로 사람 우거진 향이 짙게 풍기니

그걸 보신용 더덕이나 송이로 여기고 발길을 재촉하여 숲그늘 솔잎 속에 꼭꼭 숨어서 **묻노니**

그대는 왜 푸른 산에 사는가 하고 물으시네

3월 26일 밤에는 심청이 몸 던진 바다에서 천안함이란 군함이 무슨무슨 수로 침몰되어 집집마다 귀하기만 한 해군장병 46명 자식들이 수장되었다 하니

밥 먹다 텔레비전 돌려놓고 숟가락 내던지며 **그저 웃을 뿐 답은 않고 마음이 한가롭네 하네**

이 강 저 강 여울목 실개천을 지우겠다고

저마다 훈장 같은 삽을 주렁주렁 가슴에 매단 영웅들이 강바닥을 깊게 파느니

소월도 지용도 배를 하얗게 뒤집고 꺽꺽 죽어가고

산처럼 둑을 높이니 배 띄워 유람할까 봄날 떠내려갔던

복사꽃 다시 주워 띄우니 물은 아득히 흘러가네

올무라 하는 배추가 황금으로 변한 가을날도 있었으니

고구마를 옥수수라 하고 올무를 양배추라 하면서

양심이라곤 털끝만치도 없는 저녁 어스름에 몰래 시작해 새벽녘 양가죽으로 바꿔 입고 시치미를 뚝 떼니

인간 서리라는 귀신도 모를 일이 **별천지 따로 있어 인간 세상 아니네**

*이백의 시 「산중문답」과 말을 섞어보았다.

오름에 업힌 집 한 채와 하늘사다리

박수영— 오름展

박수영의 오름을 바라본다
오름은 과연 해연과 심연이 거대하게 솟구쳐 멈춰버린 어느 날의 시간이던가
햇빛은 저 무언의 시간 앞에 오래 찬란하여라

눈으로 다 찾아내거나 그려낼 수 없을 정도인 섬, 제주
초록 속 방목된 말 떼들의 말총만이 바람으로 흐르는 섬
그러나 그 땅의 평화를 짓뭉개버린 콜레라와 극심한 흉년
일제 부역자들이었던 경찰의 부정부패와 무자비한 발포

그리고 그들의 구금과 테러와 고문을 기억하는 수많은 오름은 그들의 눈이었던가
마을이란 마을은 모두 불태워졌고, 중산간마을 사람들은 산으로 달아나 무장대가 되고
이른바 '대살代殺' 등의 학살은 제주의 모든 초록을 다 앗아가고 말았다

오름은 화산석으로 이룬 까만 네모의 담장인지도 모르겠다
오로지 사람의 집만이 장발 묘지처럼 오름 꼭대기에 존재한다
또한 증오와 공포를 극복하는 작업이었을까?

짙은 초록 사이에 사람 다니는 길을 만들어 그들이 수근거리는 것만 같다
존재하지 않는 시간의 손바닥이랄까?
장맛비로 고인 담수가 다 빠져나가고 난 뒤의 손바닥오름 그리고 다랑쉬
역사 속 그들과 무언의 대화가 끈질기게 얽혀 있다
이 정조情操에 무지개, 하늘 오르는 사다리가 하나 서 있는 느낌이다

꼬춧가루 풀어 먹고 용궁으로 잔뜩 가자

이윤옥— 판소리 수궁가(별주부전)

바다와 땅이 하나이거늘
몸뚱이 길기가 10만 리라면 바다와 땅이 하나거늘
물과 땅구들에 한 몸뚱이를 걸쳐놓고
고달픈 놈 제가 하는 괴로운 약이가 눈물겹기야 할 테지만
북 모서리를 고수께서 뚝딱거리니
부챗살이 이렇고 저렇다 하니
토깽이 터럭보다 나비의 가벼움으로 용궁에 가자

아니리 진양조 엇머리 중머리 자진머리로 가자
마음이 슬프고 두 눈이 어둡기는 간경음화로 난 병이라
용왕이 부르니까 용궁 가지만
가으 내내 햇살 먹은 붉은 꼬춧가루 잔뜩 풀어 먹고 용궁 가자
풍골에 좋은 벼슬을 헐 것이고 미인미색을 밤낮으로 다리고
만세동락 헐 것이라 용궁엘 가자고 꼬드기니

얼른 뚝딱! 뚝딱 얼른!
얼른 뚝딱! 뚝딱 얼른!
조개 미역 밀어내고 토끼 잡으러 온 자라 등신 따라 용궁 가자
호랭이 독수리보다 영악하거니 바다로 가서 살자
눌변으로 갈변하고 갈변으로 수작하고
세 치 혀로 따돌리고 세 치 혀에 사탕 물고
생각하고 뱉은 말로 세상을 휘이 둘러보고
둘러 봤으면 어여 어서 더늠으로 더늠 가자

삶은 늘 죽음과 삶을 바꿔 살기로 하느니
가을 산꼭대기에 활활 불붙은 억새 같은 마음으로 용궁 가자
황홀하다 가치 없다 가치 없어 황홀하다
옳은 일은 없이요 그른 일은 못 찾겠다
꾀꼬리 용왕이 국무총리 장관 입에 꾀꼬리라
이 토끼 배를 따고 간을 내어 더운 김에 소금 찍어 먹는

다 하니

파초 잎에 꼭꼭 싸서 칡덩굴로 칭칭 동여매어
계수나무 늘어진 상상 가지에 달아 매 놓은 간을 꺼내
미사일 발칸포처럼 쏴대는 신세기 새 작전으로
용궁이라 까짓것 초토화도 머지않다

수국 전옥주부 공신 사대 손 별주부 자라 등짝이라 하니

이승의 고달픔을 뜨끈하게 잡아들고
목숨 걸린 일들을 어찌 잔꾀라 하겠냐만
그 뉘야 뉘가 알리 디질디질
탁족허러 내려왔다고 우연하게 주부를 만났기로
수궁 홍미가 좋타기로 완경차로 왔나이다 넙죽 업디었다가
그 뉘야 뉘가 알리 디질디질
꼬춧가루 풀어 먹고 용궁으로 잔뜩 가자

나비구름으로 부활한 이여

노무현 대통령 영전에

너무 많이 울었습니다 너무 많이 울어서 그 눈물들이 수많은 나비가 되어 춤을 춥니다 당신은 그렇게 거대한 나비구름에 휩싸여 있습니다

당신은 청년이었습니다 찬란한 가난이 당신을 벌거숭이로 키웠으니 식은 보리밥도 하루 지난 시장기도 볼 깊은 미소였습니다 이를 악물었으나 악의가 없는 당신이었고 사람 사는 세상을 향한 이맛살에 주름이 깊어지기 시작한 당신은 바로 청년이었습니다

당신은 남자였습니다 당신은 남자였고 오빠였습니다 힘 있는 자들의 치기와 폭력으로부터 우리가 희롱당하고 있을 때 온몸으로 나는 오빠다! 하고 나서는 남자였습니다

아스팔트 위에서 공장에서 폭압의 전제 앞에서 당당히 힘없고 가난한 우리를 위해 싸운 당신은 희생이었습니다

자신의 뿔이 부러지는 줄도 모르고 불의에 맞섰습니다 너는 뒤로 물러서 있으라는 어머니 말씀에도 기어코 땡볕 한복판에서의 남성성은 아름다웠습니다

당신은 아버지였습니다 뚝심밖에 없는 당신은 황소였습니다 저녁이면 식구들의 끼니를 마련해 오던 아버지였습니다 온갖 수괴들의 이빨 앞에서도 묵묵히 맞서던 당신은 일소였습니다 온갖 짐승들이 당신을 에우고 물어뜯을 때도 당신은 그저 바보 같은 아버지 소였습니다

당신은 진정 대통령이었습니다 이 나라 가장 훌륭한 전사 대통령이었습니다 옳은 것을 옳게 하고 그른 것을 그르다 말할 줄 아는 당신은 적진 한복판에 외로이 뛰어든 의인이었습니다 그러나 당신은 바보 대통령이었습니다 큰 걸음의 일소였습니다 그래서 소의 눈은 당신을 닮아 그렇게 아름다운 것입니다

그리고 당신은 돌아왔습니다 '아, 기분 좋다!' 며 돌아왔습니다 육신과 영혼을 짓밟히고 뜯긴 채 단 하나의 일소로 땅에 돌아왔습니다 자전거를 타고 논두렁을 달리던 밀짚모자 쓴 일소로 돌아왔습니다 권위 하나 없이 크게 웃으며 사람의 손을 막 잡는 돌아온 당신이었습니다 찾아온 손님들 앞에서 노래 한 자락 시원하게 뽑아주던 당신은 진정 우리의 청년! 우리의 아버지! 우리의 대통령이었습니다!

그러나 이제 당신은 눈물이 되었습니다 생의 마지막 목을 죄는 쇠사슬을 스스로 풀었습니다 그래서 우리는 하염없이 웁니다 자신의 가죽과 울음과 살코기마저 이 시대의 식량으로 내던졌습니다 당신은 우리 모두를 울리고도 가슴 깊이서 빠져나갈 수 없는 슬픔으로 떠나시려 합니다 당신은 우리들의 죄악인 커다란 쟁기를 끌고 저기 떠나가고 있습니다 부디 부디 부디… 영면하시길 바랍니다 미리 손을 내밀고 성큼성큼 우리를 향해 걸어오는 것만 같습니다 우리들의 청년 대통령이여! 아버지시여! 당신을 오래오래 기억하건대 당신의 한과 민주주의의 치욕을 기억하겠습니다 뼈저리게 뼈저리게 당신의 명예를 되찾아 드리겠습니다 우리의 아버지!

저 푸르른 들을 지키는 스스로 튼튼한 뼈여!

그러나 우리는 너무 많이 울었습니다 너무 많이 울어서 그 눈물들이 수많은 나비가 되어 춤을 춥니다 당신은 지금 그렇게 거대한 나비구름에 휩싸여 있습니다

* 고 노무현 대통령 영결식 〈경남도민일보〉 조시.

해설

현실 투시와 농익은 서정 —이중주의 하모니

박시교(시인)

1.

'전쟁과 평화' 는 서로 상반되는 말이다. 그런데 이 두 낱말이 지금 우리 땅에서 가장 첨예하게 대두되고 있을 뿐만 아니라 전 세계적인 최고의 관심사가 되고 있는 것이 현실이다. 박구경 시인의 이번 시집을 읽다 보면 이 중대 문제를 다룬 작품 몇 편을 만나게 되고 그 나름의 시적 해석을 엿볼 수 있는 재미가 상당했다. 자칫 시의 소재로서는 버겁거나 겉돌기 십상인 이 문제를 가볍게 소화해낸 것에 주목하지 않을 수 없었다.

먼저 은유법이 두드러진 한 편을 옮겨 읽기로 한다.

딱딱한 가죽신을 신은
발은 아프다

망치로 쳐도
지뢰가 터져도

어미와 반대쪽에 있는
저 마음은
하나둘! 하나둘! 대열에 경건하다

걸을 때마다
인간의 세련된 전쟁문화는 저토록
아프다

휴가 나와서도
발모가지를 향해 반듯하게 서 있는
저 군화!

—「군화」 전문

사람 사는 세상 마을에서 한시도 전쟁이 멎은 적이 없었다. 특히 종교와 부족 간의 문제로 하루도 포화가 멎은 적이 없는 중동이 그러하고, 세계에서 유일하게 오랫동안 휴전 상태인 우리도 크게 다르지 않다. "휴가 나와서도/ 발모가지를 향해 반듯하게 서 있는/ 저 군화!"처럼 한시도 긴장을 풀고 마음 편할 날이 없었다.

더구나 이즈음 그 '핵' 때문에 어디로 튈지 모르는 미국의 실권자와 북의 로켓 영맨으로 해서 위의 시에 등장하는 '반대쪽 어미'처럼 우리는 좌불안석일 수밖에 없다. 그래서 "인간의 세련된 전쟁문화"로 해서 어디 아픈 곳이 군화를 신은 발뿐이겠느냐는 자조의 생각에까지 미치게 되면 가슴이 저려오게 마련이다.

그런데 이 시를 읽다보면 무거운 주제에 짓눌리지 않고 아주 사소한 것에서 시적 담화를 이끌어내고 있음을 목격하게 되고, 또한 마지막 연 휴가 중에도 발모가지를 향해 차렷 자세를 흐트러뜨리지 않는 군화 묘사에 이르면 야릇한 미소를 자아내게도 한다. 이것이 바로 박구경 시인의 시의 힘인 것이다.

위 시에 견주어서 보다 직설법을 사용한 한 편을 더 옮겨 읽기로 하자.

전쟁은 터진다
평화는 불붙는다

그리고 조용해진다

극도로 평화만을 누려왔기에!
군수업자와 석유재벌은 평화만을 갈구했다
또 다른 캐터필러를 밀어 넣고 전쟁복구사업을 하고
또다시 극도의 평화가 휩쓸고 간다

전쟁을 위해
오로지 전쟁만을 위해!
철부지 뒷집 아이처럼 생긴 부시가 배시시 웃고
CNN의 화면은 SARS를 뿌려대며
아시아를 전면적으로 공략하기 시작했다

곧
아시아에도 군수업자와 석유재벌의 평화가 닥쳐올 것이다

— 「전쟁이나 평화적인 것」 전문

이 작품에서는 전쟁과 평화의 그 끝없는 연쇄관계, 그리고 그 배후에 "철부지 뒷집 아이처럼 생긴 부시"로 대치되는 미국을 등장시킴으로써 보다 구체적으로 환기시키고 있다. 그런데 "극도로 평화만을 누려왔기에!"나 "군수업자와 석유재벌은 평화만을 갈구" 했을까? 그래서 "또 다른 캐터필러를 밀어 넣고 전쟁복구사업을 하고/ 또다시 극도의 평화가 휩쓸고 갔던" 것일까? 이런 역설이 사람들의 마음을 얼마만큼 위무할 것인가 하는 생각을 하면서 씁쓸함을 금치 못했다. 이외에도 「평화」와 「이라크 학동學童들에게」 등의 작품에서 박시인의 보다 적극적인 평화에 관한 소식을 엿볼 수가 있었다.

2.

필자가 박구경 시인의 이번 시집 작품들에서 가장 주목한 것은 제2부에 실려 있는 사모곡 몇 편이었다. 「대숲에 흰 눈이 내리면」 「응시」 「김해 김씨 울 엄마 창순이」 「닭이 울기 한참 전에」 「눈물바다」 등으로 시인의 곡진한 생각이 응집되어 있어서 그 마음의 울림을 공감하기에 부족함이 없었다.

치매에서 깨어 오뚝 일어나 앉으니
마을 건너엔 꽃 한 송이

무얼 그리느라 환하고도 밝은 꽃

유리잔 가득 막걸리를 부어
붕어처럼 소리 없이 웃어요 엄마,

엄마는 두 살 박이 우리 아기

지금은 나

낡은 괘종시계가 마루에 걸린
마루 속의 낡은 괘종시계와 마주앉아

―「응시」 전문

어머니와의 과거 추억과 지금의 화자 사이의 시간대는 중요하지가 않다. 따라서 치매에 걸린 두 살 박이 엄마와 낡은 괘종시계와 마주앉은 현재의 나의 나이 차이도 마찬가지다. "유리잔 가득 막걸리를 부어/ 붕어처럼 소리 없이" 웃으며 마시는 정겨운 모녀의 그림이 어쩌면 마을 건너에 핀 한 송이 꽃보다도 더 아름답고 환하여 오래 기억될 순간의 모습임에 틀림이 없다.

그러한 꽃 같은 추억의 순간이 또 한 편의 시에 인화되어 있다.

아무도 없는 곳에 일흔 해 전 누가 심어둔 꽃
봄 마중 나비가 날은다
노란 꽃이 무너지며 한 고뇌가 두 고뇌를 훌연 넘어 간다
먼지가 피고 아지랑이가 피고
그 뒤에 엄마 모습을 한 우리들이 여럿으로 모여 있으리
하루 전만 해도 한 달은 더 버틸 거라고
생선을 굽고 소주를 따르며

—「김해 김씨 울 엄마 창순이」 전문

봄 마중 나비가 날고, 꽃이 지고, 그런 뒤 엄마 모습을 한 딸들이 모여 생선을 굽고 소주를 따르는 조금은 나태한 듯 한 자리에 물론 김해 김씨 창순씨의 그림자가 깊게 드리운다. 애써 눈물을 감춘 상갓집 모습을 그려내듯 한 다음의 작품도 마찬가지다.

삐뚤빼뚤 글자가 기어 다니는 것 같아도 찬찬히 보면 엄마 편지다

해 좋은 날
바구미 먹은 팥 자루 밑에 숨겼던 찹쌀로 찰밥 해서 같이 먹고 싶다고 딸아

이 하나밖에 없는 엄마는 2000년에 돌아가시고 돌아오지 않았다
여태

—「눈물바다」 전문

오래전에 돌아가셔서 "여태" 돌아오지 않고 있는 어머니의 "삐뚤빼뚤 글자가 기어 다니는" 듯한 편지를 가진 딸은 그만큼 정이 넘치는 것은 물론 또 그만큼 행복하다 할 것이다. 그리울 때면 언제든지 그 편지를 보는 것만으로도 위안이 될 테니까. 박시인의 사모곡 몇 편은 이처럼 짧은 행간에 긴 이야기를 아주 잘 담아 간직하는 능력을 엿보게 했다. 또 이와 크게 다르지 않은 아버지에 대한 시 한 편도 눈길을 끌었다.

지나가는 전깃줄 쉭쉭, 우는 그림자가
창문에 커튼에 다 떠나지 못한 누구의 울음처럼 찾아오는 밤
따뜻한 삶은 달걀을 먹다가 그만 사이다처럼 치어 오르는 아버지

—「달걀 삶아 먹는 겨울밤은 깊고」 전문

위의 작품들에서 보는 바와 같이 박구경 시인의 시는 짧

을수록 보다 명징하고 간결미를 압도한다. "지나가는 전깃줄 쉭쉭, 그림자가/ 창문에 커튼에 다 떠나지 못한 누구의 울음처럼 찾아오는" 겨울밤의 묘사도 뛰어나지만, "따뜻한 삶은 달걀을 먹다가 그만 사이다처럼 치어 오르는 아버지"에 이르면 아, 하고 시의 진정한 묘법을 보는 것 같은 즐거움을 맛보게 도 된다. 덧붙여 이 시의 결어(結語) "아버지"가 그 빛을 발하는 느낌은 긴 여운의 범위를 훨씬 넘어섰다.

그래서일까? 박시인은 '짧은 시는 어렵다'라고 다음과 같이 실제 작품으로 실토를 하고 있다.

1.
멸치 몇 마리로 국물을 내
국수를 말아 먹는다

국수 속엔 국수를 닮은 이야기가 있고
그 사람들이 있고
그 사람들의 그 사람들이 거듭 얽혀 있다

국수.
짧고 긴 생명의 이야기

2.
쓸수록 어렵고 힘든
시의 본령

자르고 토막 내고
겹쳐진 의미의 말들을 거둬내고
너무 짧아져
여백의 미에 낙서하고픈
짤막한 또는 한줄

뭘 하자고 처음 생각했던가?
촌철살인

나이 먹어가며 하나씩 버리고
정리하는 것과 같이

—「짧은 시는 어렵다」 전문

마치 시작과정(詩作過程)의 어려움을 잘 정리해 놓은 것 같은 위의 작품을 읽으면서 박구경 시인의 엄격한 시창작의 실제를 살필 수가 있다. 그러면서 필자는 그의 성공한 짧은 서정시가 태어나는 과정을 확인하는 듯했다.

3.

몇 년 전 박시인이 시집 『기차가 들어왔으면 좋겠다』를 냈을 무렵 신경림, 구중서 선생과 정희성 형 필자 이렇게 넷이서 남해안을 여행하다가 당시 박시인이 소장으로 근무하던 사천시 한 외곽의 보건소를 찾은 적이 있었다. "……어둠 속을 달려온 시커먼 그 쇳덩이가/ 쉭쉭, 숨을 몰아쉬는 동안/ 큼직한 보따리와 흰옷의 사람들이/ 시끌벅적이 바닷가에 펼쳐졌으면 좋겠다// 기차가 들어왔으면 좋겠다"고 노래하였던 그때 그 보건소에는 마치 시인의 그런 바람을 동무하듯 동네 어르신들이 사랑방처럼 모여든다고 했다. 그런 그가 「미국을 생각하며」를 통해서는 당시 뉴욕 무역센터를 비행기로 파고들어 자폭한 사건을 "뜨거워지는 물을 피해 두부 속으로 파고드는 미꾸리"로 그림으로써 기상천외의 신선한 메타포를 우리에게 보여주기도 했었다.

그런데 지금 박시인이 머무는 곳에는 기차가 지나가는가 보다. 그래서일까, 서정성이 지난 시집에 비해 더 농익은 모습을 다음의 작품에서도 목격하게 된다.

멀리 열차가 가르며 가는 것은 안개인가

저 들이 흘리며 가는 바람인가

처마 끝 산모롱이는 돌아가며 부옇고 흐리다

목단이 피었던 곁으로 수국이 피었다 지고

처마가 느리게 굽은 곳

소녀의 온기가 떠난 방 마루를 오래 서성인다

나무들 줄지어 선 산매 고적한데

—「처마 끝」 전문

누가 시인의 곁을 떠난 것일까, "온기가 떠난 방 마루를 오래 서성"이게 하는 그 소녀는 누구일까. 결코 요란하지 않으면서 애잔한 별리를 마치 한 폭의 파스텔화처럼 그려내고 있는데, 앞에서 인용했던 우렁우렁한 목소리의 전쟁시와 대조를 이루고 있음을 확인하게 된다. 이렇게 박시인의 이번 시집은 크게 두 부류의 작품으로 나뉜다.

그리고 소리꾼이 마침내 자기의 목소리를 가짐으로써 명창의 반열에 오르듯이 박시인의 이 두 부류의 시편들이

분명하게 자기 자신의 독특한 개성으로 자리매김 시키는 것을 이번 시집을 통해 확인할 수 있었다.

그러한 서정에 그 특유의 사설을 얹은 작품 한 편을 더 옮겨 읽기로 한다.

> 생활용품을 가득 싣고 다니는 파란색 만물트럭
>
> 노란 등불을 밝히기 시작하는
>
> 늙은 호박넌출 담장 아래 지나간다
>
> 목이 쉰 스피커에서는 우는 염소의 목소리
>
> 제가 겨운 제 노래까지 불러 깨우며
>
> 길 위에 부려놓기 시작한다 붉은 고무다라이, 플라스틱 빨래판
>
> 하필이면 노란 나일론 끈에 엮인 노란 냄비, 주전자
>
> 언제부터 쥐고 다녔는지 모를

까매진 목장갑 안의 까아만 호두 두 알

빗자루 같은 할미꽃 서너 송이 금방 피었다 져버린 뒤

먼지를 일으키며 돌아서 가는

적막의, 푸른 빛깔

—「오후의 빛깔」 전문

"노란 등불을 밝히기 시작하는/ 늙은 호박넌출 담장"이 쳐진 농촌 마을 골목에 "생활용품을 가득 싣고 다니는 파란색 만물트럭"이 한차례 시끌벅적 장사를 하고 막 떠난 뒤의 그 적막, 그 오후의 빛깔을 시인의 몫으로 보듬어 안는다. "빗자루 같은 할미꽃 서너 송이 금방 피었다 져버린 뒤"의 적막한 오후 농촌 풍경을 앞의 만물트럭이 한바탕 벌이는 시끌벅적 요란한 모습과의 대조를 통해서 선명하게 그려내기도 한다. 이처럼 그의 밝은 눈으로 읽어 내는 세상은 다양하고 아름답다. 그리고 그 모두를 나름의 따뜻한 애정의 품으로 감싸 안는다. 마치 이것이 시인의 몫이 아니겠냐는 듯이. 그렇다, 시인의 품은 보다 따뜻하고 넓다. 마땅히 그래야만 한다.

이제 끝으로, 앞에서 인용한 치매 어머니와의 애틋한 추억과 연결고리를 만들 수밖에 없는 딸에게 주는 시 한 편을 더 옮겨 읽기로 한다.

무얼 간절하게 말할 것이라고
네게 써놓고 부치지 못한 편지가 우연히 책갈피 속에서 발견되었다

네게 참 많이 미안하고 내게 부끄럽고 또 그때 그 마음으로 네게 무얼 다 해 주지 못해서 맘이 더 아프다
여기저기 나타나는 몇 가지 늙어버린 글을 지우고 새로 생각난 것을 보태다 보니 결국 다 지워지고 얘기며 줄거리도 모두 끊기고 겨우 몇 줄만 남게 되었다
조금 일찍 보았더라면 이번 추석 때 그 마음이라도 전했을 텐데
너를 보내놓고 난 들판 한복판 서늘한 기운 속에 눈물 비치지는 않았을 텐데 하는 아쉬움이 크다
일찍이 집을 떠나 객지로 떠돌다 보니 따뜻한 밥도 못해 먹인 게 아프고 속상하구나
그러고 보니 얼마 전 바짝 말라서 수술 받으러 병원에 가게 된 것도 다 이 어미의 못난 탓이다
미안하다 곧 겨울이 올 테니 따뜻하게 잘 지내라고 쓰고

또 지웠다

언제나 예쁘고 소중한 내 딸아, 사랑한다는 말 대신 그냥 미안하다는 말 한마디로

맺는다

—「책에 눌린 3년」 전문

그러고 보니, "소녀의 온기가 떠난 방 마루를 오래 서성"이게 한 작품 「처마 끝」 별리의 주인공이 누구인지를 알 듯도 하다. 오래 전에 써 놓고 부치지 못한 편지, 그래서 "늙어버린 글"을 더러는 지우고 새로 보태고 또 그동안의 그 많은 일들을 떠올리고 어미로서의 자책을 하고 그러다가 종내는 "미안하다"는 한마디 말을 할 수밖에 없는 엄마의 심정을 토로하고 만다.

딸과 그 딸의 할머니인 시인의 어머니와 사이를 잇는 끈은 무엇일까를 생각하게 하는 이들 작품들을 통해서 박구경 시인은 가족은 물론 시인으로서도 참 행복한 사람이구나 하는 생각을 갖게 했다. 그 자신이 실토하고 있듯이, "흰 종이에 끼적거리다가 나도 모르게 무얼 쓰고 말았다/ 가난은 너무 심해서 혁명은 피와 고름/ 그리고 그에 덧쓰다가 물에 젖기 전에 만난/ 이미 많이 번진/ 어머니…/ 나도 모르게 비밀스러운 마음을 다 쓰고 말았다"는 시구(詩句)처럼 잔잔한 감동을 불러일으키게 하는 힘이 그의 시

행과 행 연과 연 또 그 행간 깊이에까지 숨어있음을 확인할 수 있었다.

그리고 이게 나라냐고 탄식하던 시국과 하루도 멈춘 날 없는 분쟁의 지구 위 마을 이야기를 재단할 때의 울림이 큰 그 목소리와, 가족 관계를 그릴 때의 조곤조곤한 정담(情談) 그 둘이 따로 들리지 않고 마치 이중주의 하모니처럼 조화롭다는 느낌은 절대 필자만의 생각이 아닐 것이라 확신하며, 어줍지 않은 글을 맺는다.

애 지 시 선

002 붉디 붉은 호랑이 장석주 시집
003 붉은 사하라 김수우 시집
004 자전거 도둑 신현정 시집
005 정비공장 장미꽃 엄재국 시집
006 기차를 놓치다 손세실리아 시집
007 바람의 목례 김수열 시집
008 그리운 연어 박이화 시집
009 뜨거운 발 함순례 시집
010 정오의 순례 이기철 시집
011 그 남자의 손 정낙추 시집
012 즐거운 세탁 박영희 시집
013 구룡포로 간다 권선희 시집
014 좋은 날에 우는 사람 조재도 시집
015 여수의 잠 김열 시집
016 축제 김해자 시집
017 뜻밖에 박제영 시집
018 꽃들이 딸꾹 신정민 시집
019 안개부족 박미라 시집
020 아배 생각 안상학 시집
021 검은 꽃밭 윤은경 시집
022 숲에 들다 박두규 시집
023 물가죽 북 문신 시집
024 마늘 촛불 복효근 시집
025 어처구니 사랑 조동례 시집
026 소주 한 잔 차승호 시집
027 기찬 날 표성배 시집
028 물집 정군칠 시집
029 간절한 문장 서영식 시집
030 고장 난 아침 박남희 시집
031 하루만 더 고증식 시집
032 몸꽃 이종암 시집
033 허공에 지은 집 권정우 시집
034 수작 김나영 시집
035 나는 열 개의 눈동자를 가졌다 손병걸 시집
036 별을 의심하다 오인태 시집